Saturno

J.P. Bloom

capstone

Abdo PLANETAS Kids

Spanish Translator: Maria Puchol, Pablo Viedma
Photo Credits: NASA, Science Source, Shutterstock, Thinkstock
Production Contributors: Teddy Borth, Jennie Forsberg, Grace Hansen
Design Contributors: Candice Keimig, Laura Rask, Dorothy Toth

Library of Congress Cataloging-in-Publication data
is available on the Library of Congress Website.

ISBN 978-1-4966-1303-5 (paperback)

Printed and bound in the USA.
010046S17

Contenido

Saturno

Saturno es un **planeta**. Los planetas **orbitan** alrededor de las estrellas. Los planetas de nuestro sistema solar orbitan alrededor del sol.

Saturno es el sexto **planeta** más cercano al sol. Está a 887 millones de millas (1,200 millones de km) del sol.

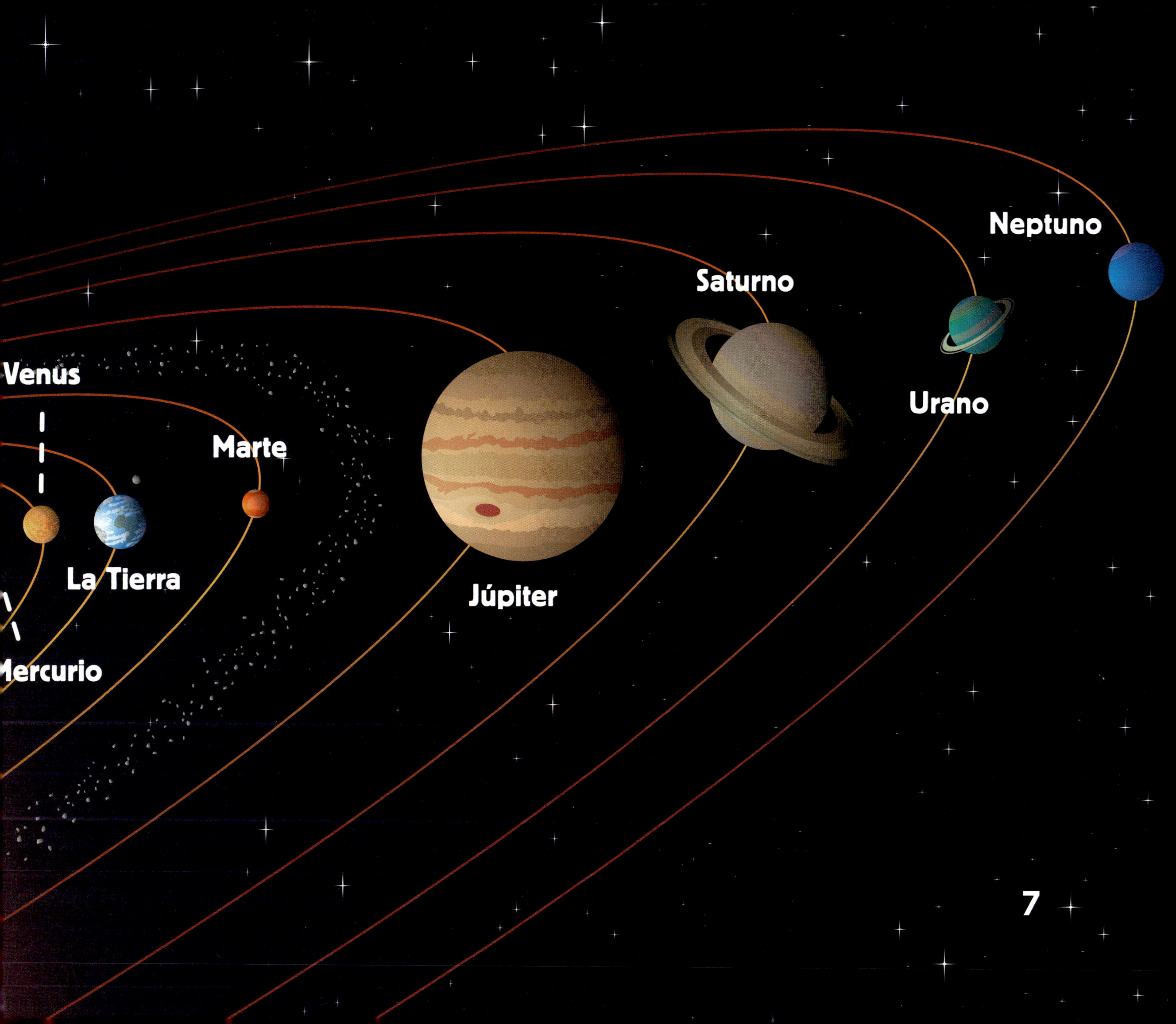
Neptuno
Saturno
Venus
Urano
Marte
La Tierra
Júpiter
ercurio

Saturno hace una **órbita** completa alrededor del sol cada 29 años. Un año en Saturno son 29 años en la Tierra.

La Tierra

Saturno rota mientras está en **órbita**. Una rotación completa tarda alrededor de 11 horas. Un día en Saturno son 11 horas en la Tierra.

Titán
(satélite)

Saturno es una bola gigante de gas. No se puede caminar en Saturno. Júpiter, Urano y Neptuno también son de gas.

Los anillos de Saturno

Saturno está rodeado de anillos. Los anillos están formados de rocas y hielo. Algunas partículas son del tamaño del polvo. Otras son tan grandes como automóviles.

Los anillos **reflejan** la luz del sol. Esto hace que Saturno sea tan colorido.

Los satélites de Saturno

Saturno tiene mucho satélites. Los científicos han contado más de 60. El satélite más grande es Titán.

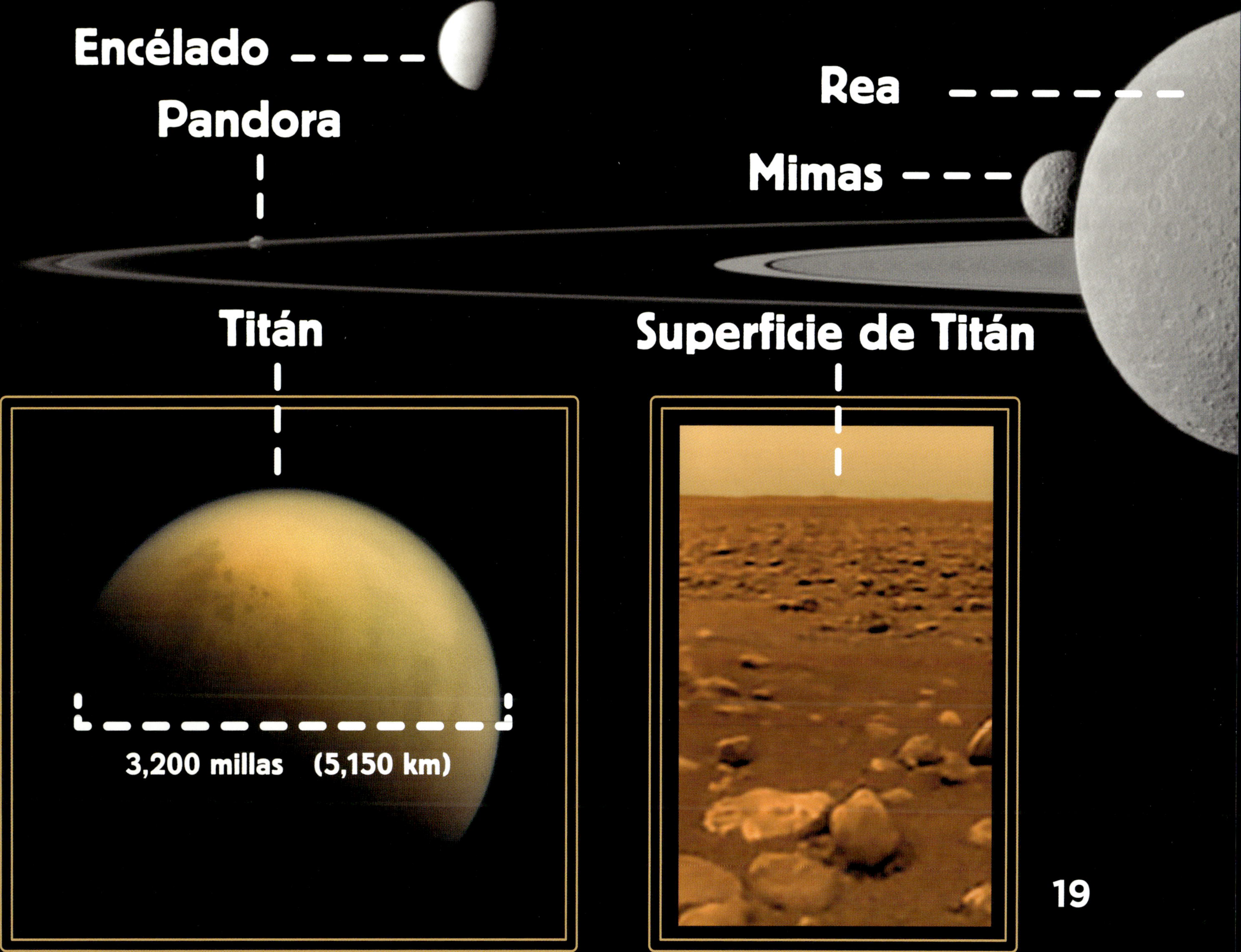
Encélado
Pandora
Rea
Mimas
Titán
Superficie de Titán
3,200 millas (5,150 km)

Saturno desde la Tierra

En una noche clara se puede ver Saturno desde la Tierra. ¡Incluso sin telescopio!

Saturno

Más datos

- Los científicos piensan que los anillos de Saturno se formaron cuando explotó uno de sus satélites.
- A veces hay tormentas fuertes en Saturno. Los vientos en Saturno pueden alcanzar grandes velocidades.
- El Pioneer 11 fue la primera nave espacial que sobrevoló cerca de Saturno en 1979. Estudió los anillos de Saturno y su satélite más grande, Titán.

Glosario

órbita – trayectoria de un objeto espacial que se mueve alrededor de otro objeto espacial. Orbitar es moverse en esa trayectoria.

planeta – objeto espacial grande y redondo (como la Tierra) que gira alrededor de una estrella (como el sol).

reflejar – que puede devolver luz.

Índice